AF586742

LE DIABLE A PARIS,

FOLIE FANTASTIQUE EN UN ACTE.

Mêlée de couplets,

PAR MM. BRAZIER ET GABRIEL;

REPRÉSENTÉE POUR LA PREMIÈRE FOIS A PARIS, SUR LE THÉATRE DE LA GAITÉ, LE 29 DÉCEMBRE 1836.

DIRECTION BERNARD-LÉON.

Rodile prendra don Gomès,
Si don Gomès atteint Rodile. (SCÈNE X.)

PARIS,
NOBIS, ÉDITEUR, RUE DU CAIRE, N° 5.

1836.

Personnages.	Acteurs.
FILOSELLE, ancien marchand bonnetier.	M. PARENT.
JEAN, son domestique.	M. LEBEL.
DIAVOLO, envoyé de Lucifer.	Mlle ROUGEMONT.
PIGOCHE, gamin du boulevart.	M. LHÉRIE.
LE CONCERT VIVIENNE.	M. CAMIADE.
LE CONCERT TURC et SAINT-HONORÉ.	M. PANSERON.
M. CORRESPONDANCE.	M. LHÉRIE.
L'HIRONDELLE.	Mlle LÉONTINE.
L'ÉCOSSAISE, **LA BATIGNOLAISE**, **L'ORLÉANAISE**, **LA BÉARNAISE**, **LA DAME FRANÇAISE**, **LA DAME BLANCHE**, **LA DILIGENTE**, **LA FAVORITE**,	Voitures publiques de Paris, représentées par des jeunes filles.
UN PETIT SGANARELLE.	La Petite FONBONNE.
UNE PETITE DANSEUSE.	Mlle RICHARD.
L'EMPAILLEUR, employé au cabinet d'histoire naturelle.	M. RAYMOND.
JACK, l'orang-outang du jardin des Plantes.	M. GIREL.
CINQ MUSICIENS, de la suite des concerts.	
CINQ SOLDATS.	
DEUX DÉMONS en garçons marchands de vin.	

J.-R. MÉVREL, passage du Caire, 54.

LE DIABLE A PARIS,

FOLIE FANTASTIQUE MÊLÉE DE COUPLETS.

Une chambre modestement meublée ; à droite, une cheminée; au fond, la porte d'entrée.

SCÈNE I.

FILOSELLE, JEAN.

Au lever du rideau, Filoselle, est assis devant la cheminée, il se chauffe comme un homme souffrant. Jean, de l'autre côté de la scène prépare de la tisane dans un verre.

JEAN.

Tout d' même, ça ne doit pas être trop bon à boire, ça, monsieur?

FILOSELLE.

Voyons, as-tu bientôt fait? voilà une heure que j'attends...

JEAN.

Une heure... diable comme le temps passe vite avec vous; si j'étais obligé d'avaler ça, je dirais : ne vous pressez pas.

FILOSELLE.

Ne pas pouvoir quitter la chambre, être condamné à rester là... maudites jambes!.. voilà pourtant déjà un an que ça dure.

JEAN.

Ah! c'est vrai, que c'est bien rude; avec ça que vous étiez si alerte, que vous aimiez tant à aller voir tout ce qui se passait dans Paris.

FILOSELLE.

En me retirant du commerce de la bonneterie, je n'avais rien de mieux à faire.

JEAN.

V'là qu'la goutte vous prend juste au moment où vous y pensiez le moins et tout exprès pour donner un croc-en-jambe à vos habitudes quand vous étiez bonnetier, M. Filoselle, et que j'étais votre garçon, et que je travaillais matin et soir aux chaussettes et aux bretelles de coton, vrai, nous étions plus heureux tous les deux... rien ne vous empêchait de marcher, et moi je ne vous entendais pas crier.

FILOSELLE.

C'est vrai; je marchais, dans ce temps-là.

JEAN.

Et l'an passé encore, vous alliez comme le vent, vous pouviez contenter votre curiosité, vous pouviez tout passer en revue.

FILOSELLE.

Et j'ai manqué l'Arc-de-Triomphe, et je ne connais pas encore l'Obélisque! Il y a des momens où je me donnerais au diable; car enfin, mon pauvre Jean, j'ai de l'appétit, le coffre est bon...

JEAN.

Je crois bien; je vous l'ai dit cent fois, sans vos jambes, vous marcheriez... Tenez, avalez ça. (Il lui donne à boire.)

FILOSELLE, tâtant ses jambes.

Aie!.. voilà une douleur qui me prend...

JEAN.

Vous êtes un peu douillet... vous me direz, un ancien bonnetier qui a été élevé dans du coton...

FILOSELLE.

Tais-toi, bavard, et rends-toi tout de suite chez mon homme d'affaires pour savoir s'il a reçu les actions que je viens de prendre sur le chemin de fer que l'on va établir.

JEAN.

Ah ça! mais, monsieur, vous changerez donc toujours votre argent contre ces chiffons de papier? c'est drôle; moi, j'aime mieux ce qui sonne.

FILOSELLE.

Avant dix ans, j'aurai quadruplé mes capitaux.

JEAN.

Ou vous serez ruiné: c'est l'un ou l'autre.

FILOSELLE.

Allons, pars tout de suite, et donne-moi ma béquille...

JEAN, à part.

En revenant, j'irai voir un peu l'amie de mon cœur, mamzelle Zizinne: elle est malade, c'est une bonne action que je ferai là.

(Il lui donne une canne à béquille.)

FILOSELLE, se levant.

Qu'est-ce que tu parle de bonne action? Sois bien tranquille, mon pauvre Jean, je n'en prends pas de mauvaises.

AIR : La nuit porte conseil.

Vivent les actions,
Chacun à sa guise
Les prise;
Vingt spéculations
S'enrichissent par actions.
Je mets là tout mon bien,
Car j'en suis idolâtre...
J'en ai dans chaque théâtre

JEAN, à part.

Qui n' lui rapporte rien.

FILOSELLE.

Et sur un pont nouveau
J' viens d'en prendre un' douzaine,

JEAN, à part.

Ça n' fait-y pas d' la peine,
V'là son argent dans l'eau!

ENSEMBLE.

FILOSELLE.

Vivent les actions, etc.

JEAN.

Moi prendr' des actions,
Non: je n' f'rai jamais c'te bêtise,
Les spéculations,
S'enfoncent avec les actions.

(Il sort.)

SCÈNE II.

FILOSELLE, seul.

Maintenant que je suis seul, je vais lire mon journal avec tranquilité... (Il prend un journal.) Qu'est-ce que je vois donc là... on parle du bruit souterrain que nous entendons depuis quelques jours dans ce quartier, et qui fait jaser tout Paris. (Il lit.) « Un bruit extraordinaire se fait entendre tous » les soirs au faubourg Saint-Antoine et met tout le quartier en émoi... les » recherches les plus minutieuses viennent d'être faites, et rien n'a en» core pu faire découvrir la cause de ce vacarme singulier... Il est des gens » crédules qui croyent déjà voir leurs caves envahies par des êtres fantas» tiques. » — Je ne suis pas crédule, mais c'est mon opinion... Il y a quelque chose là-dessous; enfin, j'y pense toute la nuit. C'est effrayant!.. ça commence toujours par un coup bien fort, comme un coup de tonnerre... et puis ça gronde, ça gronde; et puis on dirait qu'on casse toutes les vitres de la maison, et que les cheminées tombent dans la cour.... (Coup de tonnerre qui fait sauter Filoselle.) Ah! mon Dieu! voilà que ça commence, c'est à la même heure qu'hier... et Jean qui n'est pas là, me voilà bien. (Il tremble. — Bruit de chaînes dessous le théâtre.) Ah! ça ne peut être que le diable en personne qui fasse un pareil bruit... Si c'est vous, monsieur le démon, et si vous avez envie de me rendre visite, de grace, prenez une figure présentable, ne me faites pas mourir de frayeur...

(Le bruit redouble, le plancher s'ouvre au milieu, des flammes brillent; Filoselle tombe dans son fauteuil en poussant un grand cri.)

SCÈNE III.

FILOSELLE, DIAVOLO, sortant de dessous le plancher.

DIAVOLO.

AIR : Mire dans mes yeux.

Je viens dans ce beaux pays
Pour rire à mon aise,
Et j'offre à tes yeux surpris
Le diable à Paris,
Le diable, le diable à Paris. bis

De te voir je suis bien aise,
Pour toi je quitte l'enfer,
Et je sors de la fournaise
De mon ami Lucifer;
Il fait chaud, ne t'en déplaise,
Aussi j'ai besoin d' prendre l'air.
Je viens dans ce beau pays, etc.

FILOSELLE, à part.

Comment, c'est là le diable, mais il n'est pas effrayant du tout... (Haut.) C'est ce petit démon-là qui faisait autant de bruit?

DIAVOLO.

Oui, c'est moi, Diavolo, qui vient tout exprès du noir séjour pour m'amuser un peu aux dépens de tout le monde. Pluton me donne une journée pour voir toutes les curiosités que Paris a admirées dans l'année, et je te réponds que je vais en profiter.

FILOSELLE.

Ah! si je pouvais les voir avec vous, moi qui suis resté toute l'année dans ma chambre.

DIAVOLO.

Eh bien! suis-moi.

FILOSELLE.

C'est ça, vous suivre, quand une maudite goutte...

DIAVOLO.

Ah! tu as la goutte, tant pis... mais attends donc... je puis sans sortir d'ici... oui... c'est ça... tu voudrais voir les curiosités de Paris? tu n'as plus besoin de quitter ton fauteuil.

FILLOSELLE.

En vérité!

DIAVOLO.

J'ai là ma baguette, je vais les faire défiler toutes dans ta chambre.

FILOSELLE

Ça n'est pas possible.

DIAVOLO.

Tu vas bien voir... j'ai peu de chose à faire pour mettre ce projet à exécution.

AIR de la Vieille.

Plus d'une drôle de figure,
Va prendre place auprès de toi:
Mainte bonne caricature
Te fera sourire, je croi.
Et de ce monde en miniature
Ici tu vas être le roi...
(Il lève sa baguette.) Allons, enfans, écoutez-moi!..
(La porte du fond s'ouvre et laisse voir une voûte azurée.)
Depuis un an, goutteux inguérissable,
Le jour, la nuit, tu te donnes au diable;
Je veux prenant un air bien serviable,
Une heure entièr' te paraître agréable,
Dis un seul mot, forme un souhait,
Et tout paraît et disparaît. (bis)

FILOSELLE.

Tout ce qui se passe ici m'étonne au dernier point, si je le faisais mettre dans un journal, on ne le croirait pas... Eh bien! gentil démon, je voudrais bien voir ces concerts d'été et d'hiver, dont on parle tant à présent. (Diavolo lève sa baguette, on entend crier en dehors.) Qu'est-ce qui nous arrive?

DIAVOLO.

C'est un enfant du boulevart, qui va t'annoncer les concerts de Paris.

SCÈNE IV.

FILOSELLE, DIAVOLO, PIGOCHE.

PIGOCHE, entre très gaîment avec un bâton de sucre d'orge à la main, qu'il met de temps en temps dans sa bouche.

AIR de la Palisse.

Je suis le vrai gamin
Du boul'vart du Temple,
Là, du soir jusqu'au matin,
D' la gaîté j' donn' l'exemple.

Tout le long des boulevarts,
Je ris, j' flane et j'ricane,
Je fais des niches aux jobards
Et je bois d' la tisane.
Je suis le vrai gamin, etc.

Je ne dissimul'rai point
Qu'en faisant mes bamboches,
Si j'ai donné d' bons coups d' poing
J'ai r'çu d'affreus's taloches
Je suis le vrai gamin, etc.

Je tire d'un air jovial
La langue au sergent d' ville,
J' respecte l' municipal,
Dès qu'il me r'garde, j' file.
Je suis le vrai gamin, etc.

FILOSELLE.

Voilà un petit gaillard qui ne paraît pas engendrer la mélancolie.

DIAVOLO.

C'est Pigoche, le gamin du boulevart, qui vous annonce les concert à la mode à Paris...

FILOSELLE, voulant se lever.

Monsieur Pigoche...

PIGOCHE, le faisant rasseoir.

Restez, mon ancien, vous êtes enfoncé... vous voyez devant vous presque un artiste; je suis apprenti luthier, mon bourgeois fabrique des cordes de Naples, rue du Grand-Hurleur... passionné pour la musique, je sais par cœur tous les morceaux du POSTILLON DE LONJUMEAU, des HUGUENOTS et du MAUVAIS ŒIL... à l'œil...

FILOSELLE.

Qu'est-ce qui parle de mauvais œil?

PIGOCHE.

Oui, du mauvais œil, il ne faut pas me regarder de travers pour ça... J'ai donné rendez-vous ici à deux orchestres de musiciens célèbres qui vont venir vous montrer comme quoi la musique se perfectionne de jour en jour, vous n'aurez jamais entendu des choses comme ça... c'est effrayant...

FILOSELLE.

Comment, je vais voir tous les concerts ici?

PIGOCHE.

En personnes naturelles... Hein! c'est cet été qu'il fallait entendre celui du Jardin-Turc!.. moi, j'étais là tous les soirs aux premières loges, je n'en perdais pas une goutte, j'allais et je venais, les mains dans la bavette de mon tablier.

DIAVOLO.

Silence!.. je vous annonce le concert Vivienne.

(Tous les personnages qui vont être présentés par Diavolo, entreront par la voûte azurée qui offre au fond une longue perspective formée avec des nuages.)

SCÈNE V.

LES MÊMES, M. VIVIENNE, il a un petit bâton à la main; il est suivi de TROIS MUSICIENS: le premier porte une grosse caisse et les deux autres des chaises.

M. VIVIENNE.

AIR de la Légère.

Qu'on y vienne,
Qu'on y vienne,
Je suis le concert Vivienne.
Que l'on vienne,
Ru' Vivienne,
Tout Paris
Sera surpris.

J'abandonne le plein air,
Aux musiciens nomades
Qui font de nos promenades
Une salle de concert.

Ah ! vive le chromatique,
Que chacun peut écouter ;
Mais au diable la musique
Que le vent peut emporter.
Qu'on y vienne ! etc.

FILOSELLE.

Des musiciens qui portent une grosse caisse et des chaises, voilà de drôle d'instrumens.

DIAVOLO.

Place au concert Turc et Saint-Honoré... celui-là cumule...

UNE VOIX, en dehors.

Par file à gauche, en avant, marche !

SCÈNE VI.

LES MÊMES, HONORÉ, suivi de trois soldats, l'arme au bras ; un musicien, portant une basse, et un autre portant un cor de chasse.

HONORÉ.

AIR : Voulez-vous des bijoux. (DU CONCERT A LA COUR.

Voulez-vous les concerts
Que chacun cite?
Voulez-vous de doux airs
Pleins de mérite?
Ecoutez nos
Accords nouveaux,
Et sans rivaux.
Nous surpassons
Nous enfonçons,
Fifres, bassons.

DIAVOLO,

Grand Dieu ! pour moi qu'un orchestre a de charmes,
Ici surtout quand je l' vois sous les armes...

LES CONCERTS.
Ecoutez nos
Accords nouveaux
Et sans rivaux,
Nous surpassons
Nous enfonçons,
Fifres, bassons.

FILOSELLE.

Ah ça ! dites donc, est-ce qu'ils vont faire le siége de ma maison ?

DIAVOLO.

Tu n'as rien à craindre.

FILOSELLE.

Et ces gens-là vont exécuter un concert ?

PIGOCHE.

A grand orchestre... vous allez entendre la mélodie la plus mélodieuse, et la plus fantastique...

FILOSELLE.

AIR du Carnaval de Béranger

Des musiciens armés d' fusils et d' chaise,
Et tout cela pour donner des concerts !..

PIGOCHE.

Voilà pourtant la musique française.
Et son succès étonne l'univers.
Si cela dur', faudra fermer boutique,
Pleurez sur l' sort de nos pauvres luthiers !
On achèt'ra les instrumens d' musique,
Chez les tourneurs et les arquebusiers.

Ça nous coupera l'herbe sous le pied, vrai.

VIVIENNE.

J'ai la vogue et je ne la laisserai pas échapper.

HONORÉ.

Moi, je suis à la mode, je puis marcher le front levé.

DIAVOLO.

Mon cher Honoré, vos concerts d'hiver sont délicieux, mais nos dames préfèrent vos concerts d'été.

AIR du Comte Ory.

Le Jardin-Turc est unique,
On y peut, sans trop de frais,
Entendr' de la bonne musique
Et sous de jolis bosquets,
Chaque soir prendre les frais.

PIGOCHE.

On est fou d' vos harmonies,
Mais sans en déranger rien,
Quelquefois, quand la nuit vient...
On entend des symphonies, (Il joue les baisers.
Qui n' sont pas de monsieur Julien. bis.)

FILOSELLE.

Je suis impatient d'entendre ces concerts-là...

DIAVOLO, aux concerts.

Allons, mes maîtres, mettez-vous à l'œuvre, comme dirait un romantique, commençons...

PIGOCHE.

A vous, monsieur Vivienne.

AIR de la chaise brisée de Musard.

Vivent les instrumens
Qui font du bruit à la ronde !
On en parle dans l' monde,
Leurs succès sont éclatant;

M. VIVIENNE, à ses musiciens.

Attention au commandement! (Ils lèvent leurs chaises en l'air.)

PIGOCHE.

Votre nouvelle musique
Aux autr's fera la nique.
Allons.
Flûtes, violons,
Bassons,
Pistons,
Nous écoutons!..

(Les musiciens brisent leurs chaises sur le plancher.)

CHOEUR GÉNÉRAL.

Vivent les instrumens, etc.

DIAVOLO.

A vous, Jardin-Turc et Saint-Honoré!

HONORÉ, à ses hommes.

Attention au commandement... portez armes!.. préparez armes!..

PIGOCHE.

Il faut qu'on se distingue,
En avant tout l' bastringue.
Doublez d'effort,
Encor, encor,
De plus fort, en plus fort!..

HONORÉ, parlant.

En joue! feu!.. (Les fusils partent.

CHOEUR GÉNÉRAL.

Vivent les instrumens
Qui font du bruit à la ronde, etc.

DIAVOLO, à Filoselle.

Comment trouvez-vous ça?

FILOSELLE.

C'est superbe! mais je crains pour les oreilles de ceux qui écoutent cette musique-là...

PIGOCHE.

Messieurs, vous avez tous des droits aux applaudissemens du monde musical; donnez-vous la main...

HONORÉ.

Jamais!..

VIVIENNE.

Jamais!..

ENSEMBLE.

AIR : Valse de Robin des bois.

Rivaux de gloire et d' mélodie,
Pour nous unir, vous faites d' vains efforts.
Ne nous prêchez pas l'harmonie,
Jamais nous ne serons d'accords.

VIVIENNE.

L' concert Vivienne attir'ra l'influence...

DIAVOLO.

Près de la Bourse on doit fair' de l'argent.

HONORÉ.

Le concert Turc aura la préférence,

PIGOCHE.

Oui, son succès doit aller en croissant.

TOUS LES MUSICIENS, en sortant.

Rivaux de gloire et d' mélodie, etc.

SCÈNE VII.

FILOSELLE, DIAVOLO, PIGOCHE.

PIGOCHE.

En v'là de la fameuse, de l'harmonie!.. si on exécutait celle-là en plein champ... je crierais gare aux alouettes!.. c'est pourtant c'te musique-là qui échauffe tous les pierrots et les pierrettes, au carnaval.

DIAVOLO.

Est-ce que tu vas au bal masqué?

PIGOCHE.

Je crois bien; trois costumes dans la même nuit... un marquis en paillettes, un jeannot avec sa lanterne, et un Espagnol avec des bottes à revers et une mandoline... il faut me voir dans un bal déguisé...

AIR : Contredanse de Musard.

Dès que l' signal
Ouvre le bal,
J'invite
Ma petite;
Et nous chantons ce joli r' frain
Qui met tout le monde en train :
Ah! ah! ah! ah!
Comme Pigoche
Bamboche;
Ah! ah! ah! ah!
Comme on s'en donne là!

Je sens qu' j'ai chaud,
J'aval' bientôt
Un grand verre
De bonn' bière.
Je vais vit' me r'placer,
Car j'aim' à r' commencer.
Ah! ah! ah! ah!
Comme Pigoche
Bamboche!
Ah! ah! ah! ah!
Comme on s'en donne là!

Rien ne me r' tient,
V'là l' jour qui vient,
Le bruit du cuivre
M'enivre!..
J' galoppe et j' tomb' sur l' casaquin,
D'un jobard d'arlequin.
Ah! ah! ah! ah!
J' m'enroue
Et j' fais la roue,
Ah! ah! ah! ah!
On n' s'amus' pas comme ça

(Il sort vivement par le fond en faisant la roue.

SCÈNE VIII.

DIAVOLO, FILOSELLE.

FILOSELLE, en riant.

Ah! ah!.. ils sont très amusans.

DIAVOLO.

N'est-ce pas? maintenant, que veux-tu voir?

FILOSELLE.

Ce que tu voudras: j'aime mieux ça... Les concerts m'ont mis en gaîté, fais-moi bien vite venir autre chose.

DIAVOLO, lève sa baguette.

Ah! tu me laisse l'embarras du choix. Eh bien! je vais te faire venir les voitures les plus à la mode aujourd'hui; celles qui vous transportent à peu de frais dans tous les quartiers de la capitale.

FILOSELLE.

Vraiment... on dit qu'on en voit paraître des nouvelles tous les jours, et qu'il y en a autant que de pavés... où faut-il me mettre pour ne pas être accroché?..

DIAVOLO.

Ne crains rien; elles ont des représentantes fort gentilles, c'est avec elles que tu vas faire connaissance. (On entend la ritournelle de l'air qui suit.)

SCÈNE IX.

FILOSELLE, DIAVOLO, L'HIRONDELLE à la tête de huit jeunes filles.

Une Orléanaise, une Béarnaise, une Ecossaise, une Batignolaise, une Dame Française, une Dame Blanche, une Diligente et une Favorite. Elles portent chacune un étendart surmonté d'un pavillon sur lequel on lit le nom d'une voiture Parisienne. L'Hirondelle a des petites ailes noires aux épaules, et un spencer de la même couleur relevé en queue au bas de la taille. Elle a un petit fouet à la main.

TOUTES.

Air : Je suis le petit tambour.

Place, messieurs, place pour
Les voitures à la mode;
Est-il rien de plus commode
Que de rouler nuit et jour.

L'HIRONDELLE.

Depuis queuqu' temps par la ville,
On entend de toute part;
Voilà l'Omnibus qui file,
V'là la Favorite qui part.
Clic, clac, clic, clac, clic, clac,
Dieux que d' gros sous on empile,
Clic, clac, clic clac, clic, clac,
Crac,
V'la les six sous dans l' sac.

CHOEUR.

Place, messieurs, place pour etc.

FILOSELLE.

Mais c'est un régiment de cochers femelles.

L'HIRONDELLE.

Houp!.. salut, monsieur le bourgeois...

DIAVOLO, à Filoselle.

Comment les trouves-tu?

FILOSELLE, regardant l'Hirondelle.

En voilà une petite qui me paraît fort gentille... Dites donc, la jeune fille, puis-je savoir quelle voiture vous êtes?

L'HIRONDELLE.

Air : Dans ma chaumière.

J'suis l'Hirondelle, (bis)
Lorsque je vole dans Paris,
J' n'ai qu'a donner un p'tit coup d'aile,
Et tous les voyageurs sont pris
Par l'Hirondelle. (bis.)

FILOSELLE.

C'est que je me laisserais bien prendre aussi, moi.

L'HIRONDELLE.

Les Hirondelles, (bis.)
Se mett'nt en route, au point du jour.
Et l'on trouve toujours fidèles,
Au départ, ainsi qu'au retour,
Les Hirondelles. (bis.)

DIAVOLO.

Et vous êtes venues toutes seules?..

L'HIRONDELLE.

Oh! que non!.. notre bon ami va venir.

FILOSELLE.

Vous avez un bon ami?..

L'HIRONDELLE.

Je crois bien!.. et sans lui nous étions toutes enfoncées... mais depuis qu'il s'est mis à notre tête, il y a queue chez nous... il y a un monde... un monde... ho... houp!..

FILOSELLE.

Peut-on savoir le nom de votre protecteur?

L'HIRONDELLE.

Y a gros il s'appelle Correspondance; sans lui, la moitié de nous serait depuis long-temps sous le hangar, ou la remise si vous aimez mieux... ajoutez à ça que c'est un joyeux luron...

FILOSELLE, à Diavolo.

Dites donc, petit diable, il paraît qu'il y a du tirage dans les voitures?.. moi qui ai des actions sur presque toutes.

L'HIRONDELLE.

Quoi, mon brave homme, vous êtes actionnaire?.. j'aurais dû le deviner à votre figure... avec une balle comme ça, on ne peut être qu'actionnaire ou bonnetier.

DIAVOLO, riant.

Il est tous les deux à la fois... ah! ah! ah!..

L'HIRONDELLE.

Ah! farceur!.. bravo! vous avez bien fait, mon ancien, de prendre des actions dans les voitures: l'argent est rond, c'est pour rouler... et ça roule joliment dans Paris à l'heure qu'il est; avez-vous placé quelque chose sur moi?.. sur l'Hirondelle?.. vous ne serez pas volé... j'ai un fier fil!.. je n'attends pas les voyageurs, il y a toujours de la place chez moi, et chez mes petites camarades... n'est-ce pas?..

TOUTES.

Oui, oui, oui, oui!

L'HIRONDELLE.

AIR : L'autre jour, la petite Isabelle.

Toutes nos voitures sont bonnes,
Quoiqu'elles roulent pour six sous,
Elles contienn'nt quinze personnes,
Ce qui fait quinze fois six sous.
Et d' six sous en six sous, ça monte,
Au bout du jour, à tant d' six sous,
Que l'soir j'ai honte,
Lorsque je compte
Mes six sous.
Que l'on soit riche ou dans la gêne.

Tout l' monde prend les voitures à six sous, je crie au passant: montez il y a encore une place, un monsieur va descendre, je lui dis jeune homme, mettez-vous sur un petit banc, n'ayez pas peur... Clic, clac... eh! houp!.. complet!..

Honneur aux six sous!
Mes enfans, je vous mets sans peine
A l'abri des rhum's pour six sous. (bis.)

TOUTES.

Non, ma foi, ce n'est pas la peine
D'attraper un rhum' pour six sous.

L'HIRONDELLE.

Et v'là comme nous faisons toutes notre chemin.

CORRESPONDANCE, en dehors.

Où sont-elles? où sont-elles, mes petites mignonnes?..

CHOEUR DES JEUNES FILLES avec L'HIRONDELLE.

AIR :

Le voilà, le voilà, le voilà.
Vous allez l' connaitre,
Car il va paraître...
Le voilà, le voilà, le voilà.
Jamais c'luron-là
Ne bronchera.

L'HIRONDELLE.

Par ici, par ici...

SCÈNE X.

LES MÊMES, CORRESPONDANCE vêtu en conducteur d'omnibus.

CORRESPONDANCE, entrant.

Ah! les voilà, les voilà, mes petites voitures publiques.

L'HIRONDELLE.

Je dis que nous ne boudons pas, nous sommes toujours là!..

CORRESPONDANCE.

Oui, quand vous n'êtes pas en retard.

L'HIRONDELLE.

Ah! comment, vous allez nous reprocher...

CORRESPONDANCE.

D'aller trop vite, non... les voyageurs ne s'en plaignent pas, ni moi non plus, et puis vous savez bien que j'ai un faible pour vous toutes... Mes chers enfans, je viens de faire les rapports les plus avantageux sur vous toutes.

LA BATIGNOLAISE.

Qu'est-ce que vous avez dit de moi, M. Correspondance?

CORRESPONDANCE.

J'ai dit que les Batignolles étaient dans une ivresse toujours croissante, et que si jamais on essayait à arrêter la marche des Batignolaises, il y aurait émeute à la barrière Clichy.

L'ÉCOSSAISE.

Avez-vous parlé de moi aussi, M. Correspondance?

CORRESSPONDANCE.

Si j'ai parlé des Écossaises, je le crois bien; sur toute la ligne, du faubourg Saint-Jacques au faubourg Montmartre... quant aux Dames-Françaises, je n'ai qu'une chose à dire sur leur compte: Je suis Français, mon pays avant tout!.. c'est un peu rococo, mais c'est égal.

TOUTES LES VOITURES.

Vive M. Correspondance!

CORRESPONDANCE.

Qu'elles sont aimables!..

(Il prend le menton à deux ou trois.)

TOUTES.

Vive M. Correspondance!

CORRESPONDANCE.

Assez, assez, vous me feriez faire des bêtises... (Il essuye ses yeux.) Le sentiment s'en mêlerait.

DIAVOLO, à Filoselle.

Eh bien! que dis-tu de ce tableau?

FILOSELLE.

C'est très touchant!

CORRESPONDANCE, à part.

Elles me rendent tout fier!.. dans ce moment-ci, je suis sûr que j'ai la taille d'un tambour-major; je dois avoir six pieds!.. (Il se lève sur les pointes. Haut.) Ah! mes petites amies, j'ai de grandes nouvelles à vous annoncer, nous allons doubler la correspondance sur toutes les lignes... tout correspond dans la nature, vous le savez; l'amant correspond avec sa maîtresse, Passy avec Auteuil, le créancier avec son débiteur; Boulogne avec Saint-Cloud, etc, etc, etc. mais il est question d'établir de nouvelles voitures qui iront en Allemagne, en Italie, en Russie et en Espagne.

FILOSELLE.

Toujours par correspondance?

CORRESPONDANCE.

Toujours... et pour six sous.

FILOSELLE.

Si jamais on va en Espagne pour six sous, j'irai le dire à Rome!.. Monsieur, en parlant de l'Espagne, où en sont s'il vous plait les deux illustres généraux Don Gomès et Rodile?

CORRESPONDANCE.

Eh! monsieur, ça commence à s'échauffer... voilà deux ans qu'ils se poursuivent avec un acharnement... Ici, il coiffe ses deux pouces avec des petits bonnets de papier. Tenez, regardez bien, voilà don Gomès et Rodile en présence. (Il met ses pouces en mouvement.)

AIR :

Rodile poursuit don Gomès,
Et don Gomès poursuit Rodile;
Rendons justice à don Gomès,
En félicitant tous Rodile.
Suivez la march' de don Gomès,
Et tous les progrès de Rodile;
Rodile prendra don Gomès,
Si don Gomès atteint Rodile. (bis.)

Toujours, par la correspondance.

FILOSELLE.

Ah! monsieur...

CORRESPONDANCE.

Ne riez pas, monsieur... La correspondance doit un jour mener à tout... à moins que les ballons n'établissent des concurrences.

L'HIRONDELLE.

Ah! les ballons vont comme le vent.

CORRESPONDANCE.

Je considère les ballons comme des particuliers gonflés d'amour-propre... Voyez ce ballon monstre, que ces Anglais ont enlevé à la caserne Poissonnière...

AIR : Ces postillons sont d'une maladresse.

Concevez-vous une pareille folie,
Rien ne ressemble à notre temps:
Dans un ballon vouloir risquer sa vie,
Et fair' payer pour monter d'dans,
Vingt-cinq louis pour monter d'dans.
Vous trouvez p't'être la somme exorbitante;
Un' fois en l'air, je crois que sans efforts,
Chaqu' voyageur en eût donné cinquante,
Pour en être dehors. (bis.)

FILOSELLE.

Si les ballons s'en mêlent, qu'est-ce que feront les chevaux d'omnibus, de fiacres, de coucous?..

CORRESPONDANCE.

Ils ferons des courses au Champ-de-Mars.

L'HIRONDELLE, riant.

Les chevaux de coucous?

CORRESPONDANCE.

Il faut bien qu'ils fassent quelque chose... on ne les nourrirait pas pour rester les bras croisés.

DIAVOLO.

Mais, monsieur Correspondance, vous ne nous parlez pas des pigeons voyageurs... en voilà qui font la correspondance à votre nez et votre barbe.

CORRESPONDANCE.

Je le sais... messieurs les pigeons ont bien des choses à se reprocher... ils marchent tous les jours... je veux dire ils volent sur les brisées de l'administration des postes... du moment que le gouvernement les laisse faire, n'y a pas le plus petit mot à dire; mais il ne viennent pas vous raconter les accidens qui leur arrivent en chemin...

AIR : Chaqu' soir au boulevard.

Tous ces facteurs de contrebande,
De lettres, de paquets munis,
S'envolent gaîment de Hollande
Croyant arriver à Paris.
Mais souvent, à peu de distance
On prend le pigeon voyageur,

On saisit la correspondance
Et l'on fait rôtir le facteur. (bis.)

DIAVOLO.

Ces pauvres petits pigeons, ça fait de la peine...

CORRESPONDANCE, tirant sa tabatière.

Ça ne m'en fait pas du tout à moi... je ne suis ni un Cannibale, ni un terroriste ; mais je dirai aux pigeons : de quoi vous mêlez-vous?

FILOSELLE.

Moi, j'éprouverais de la répugnance à manger des pigeons si intelligens.

CORRESPONDANCE.

Eh bien! moi, on m'en servirait sur ma table, soit en compote, soit à la crapaudine, je les mangerais... avec délices... il faut des exemples!.. si les pigeons se font facteurs de la grande poste, si les lapins battent la caisse, si les caniches jouent aux dominos, si les serins font l'exercice, notez que je ne vous parle pas des puces travailleuses, enfin si les animaux veulent entrer en concurrence avec nous autres, alors nécessairement il nous faudra prendre leur place... moi je veux qu'on me dise si je suis un homme ou si je suis une bête... on finirait par ne plus savoir de quelle espèce on est...

DIAVOLO.

Ne vous emportez pas!..

CORRESPONDANCE.

Vous avez raison... ça ne servirait à rien... Je suis content de vous; allons, sur deux rangs, les voitures; l'Hirondelle en tête. En route! bonjour, la compagnie...

TOUTES, en sortant.

Ah! houp! complet... (Elles sortent toutes sur l'air : TOT, TOT, TOT, ayant Correspondance à leur tête.)

SCÈNE XI.

DIAVOLO, FILOSELLE.

FILOSELLE.

Je marche de surprise en suprise... ah ça! mais il me semble que le nombre de ces voitures augmente tous les jours.

AIR : Un homme pour faire un tableau.

Grâce aux voitures omnibus,
Dont la fureur est sans égale
Bientôt on ne trouvera plus
Un piéton dans la capitale.

DIAVOLO.

Je n' vois pas grand mal à cela,
La spéculation est bonne,
En voitur' quand tout l' monde ira
Ça n'écrasera plus personne. (bis.)

SCÈNE XII.

DIAVOLO, FILOSELLE, JEAN.

JEAN, entrant par la porte à droite et parlant à la cantonnade.

Je vous dis, moi, que monsieur Filoselle n'y était pour personne, mais maintenant que me v'là de retour, vous pouvez laisser entrer. (A Filoselle.) Ah! monsieur, ah! monsieur, je viens d'apprendre une drôle de nouvelle.

FILOSELLE.

Qu'est-ce que c'est?

JEAN.

Nous sommes menacés d'une invasion de rats que l'on veut chasser de Pantin et qui veulent entrer à Paris à main armée.

FILOSELLE.

Comment! on veut rabattre sur Paris les rats qui sont à Pantin? nous en avons pourtant bien assez chez nous.

AIR du Baiser au Porteur.

On ne devrait faire aucun' grâce,
A nos rats d' cav's et de greniers;
On d'vrait aussi donner la chasse
A ces rats qu'on nomme usuriers,
Et qu'on rencontre en tous lieux par milliers

Ah! pour nous tous quel jour de fête,
Si l'on pouvait, avec le temps,
Nous délivrer de toutes les bêtes!
Qui s'engraissent à nos dépens... bis

JEAN, regardant Diavolo.

Ah! mon Dieu! d'où vient donc ce petit monsieur-là?

FILOSELLE.

Silence, Jean... je suis dans ces méditations; regarde et ne dis rien. (Réfléchissant.) Qu'est-ce que je voudrais voir, à présent?.. l'orang-outang du Jardin-des-Plantes... ce Jack dont les journaux parlent tant.

(Musique en dehors.)

DIAVOLO.

Tu veux voir un singe: c'est facile... il n'en manque pas aujourd'hui.

(Il lève sa baguette.)

SCÈNE XIII.

LES MÊMES, L'EMPAILLEUR.

(Il entre en chantant; il tient une grande boîte à la main. La boîte est grillée sur le devant, et l'ouverture est fermée par un rideau.

L'EMPAILLEUR, il bégaye.

AIR : Faut d'la vertu, pas trop n'en faut

Je tiens mon... mon orang-outang
Qui voulait me quitter pourtant!
Pouvais-tu, cher orang-outang!
Fuir le maître qui t'aimait tant?

FILOSELLE.

Je vois, d'histoire naturelle,
Ici sans doute un professeur?

L'EMPAILLEUR.

Ma ta... tâche n'est pas si belle...
Je ne suis que simple empailleur!

Je tiens mon...mon orang-outang, etc.

JEAN, à part.

Qu'est-ce que c'est donc que celui-là?

L'EMPAILLEUR.

Empa...pailleur, monsieur, comme je viens d'avoir l'honneur de vous le dire, et employé au...au Jardin-des-Plantes de père en fils.

FILOSELLE.

Vous avez dû voir bien des bêtes dans votre vie?

L'EMPAILLEUR.

Mais j'en...j'en vois encore tous les jours.

FILOSELLE.

Vous êtes bien bon.

JEAN.

Vous empaillez les savans?

L'EMPAILLEUR, se retournant

Non, non; les bêtes, mon ami...

FILOSELLE.

Et vous avez bien voulu apporter chez moi ce grand singe dans cette petite boîte?.. Monsieur, vous m'excuserez si je vous adresse quelques questions; ayant été bonnetier, je ne suis pas fort en histoire naturelle.

L'EMPAILLEUR.

Chacun sa partie... on n'a pas besoin d'être élève de l'École Polytechnique, pour vendre des bas...bas et des bo...bonnets de coton de soie noire.

FILOSELLE.

Est-il vrai que les orangs-outangs marchent dans leur pays par troupes, armés de bâtons et de fusils de chasse?..

L'EMPAILLEUR.

C'est attesté par Pline le jeune...

JEAN.

On dit aussi qu'ils pêchent à la ligne.

L'EMPAILLEUR.

Ça n'est pas prou...prouvé... mais avec le temps et la patience on peut y arriver.

FILOSELLE.

Monsieur, d'après ce que j'ai lu dans le Journal des Connaissances Utiles, dont j'ai l'honneur d'être actionnaire, nous possédons plusieurs sortes de singes ?

L'EMPAILLEUR.

Autant que de grains de sable dans la mer... d'étoiles dans le firmament, d'auteurs de vau...vaudevilles...

FILOSELLE.

Alors, c'est innombrable... encore une question ?.. de quoi se nourrit-il ?

L'EMPAILLEUR.

De sou...soupe... de pain... de bou...bouilli...

JEAN.

Mange-t-il des légumes ?..

L'EMPAILLEUR.

Il dine avec moi, ma ma femme, mes enfans...

JEAN.

En famille... ça doit être gentil.

L'EMPAILLEUR.

Mon Dieu... il ne me cause aucun...aucun embarras...

FILOSELLE.

C'est inconcevable !..

AIR : Cavatine du Bouffe.

Quoi ! de tout, il s'arrange ?..

L'EMPAILLEUR.

Comm' moi.

JEAN

Il dort, il boit, il mange ?

L'EMPAILLEUR.

Comm' moi.

FILOSELLE.

Seul, il fait sa toilette ?

L'EMPAILLEUR.

Comm' moi.

JEAN.

Il n'est donc pas plus bête ?

L'EMPAILLEUR.

Que moi (TER.)

FILOSELLE.

Maintenant, vous allez me le faire voir ?..

L'EMPAILLEUR.

A l'instant... Je vais avoir l'honneur d'offrir à votre vue, l'animal rare et curieux, qui...qui...qui fera quand il le voudra l'admiration de toutes les cours de l'Europe et des princes de la confédération du Rhin... Allez, la musique.

(L'orchestre joue un air très vif : le singe sort de la boîte que l'empailleur vient d'ouvrir. Il porte une petite blouse et une casquette, il se livre à des gambades, il fait mille grimaces, court dans l'appartement, saute sur les meubles, renverse les chaises et finit par sauter sur les épaules de Jean et s'y tient en équilibre.)

JEAN.

Ah ! qu'il est vilain !..

L'EMPAILLEUR.

Voy...voyons, Jack, finissez cette plaisanterie et descendez tout...tout de suite...

(Le singe quitte les épaules de Jean et met la robe de chambre de Filoselle Il se coiffe d'un bonnet de coton.)

FILOSELLE.

Assez de singe comme ça, il va tout casser ici.

DIAVOLO.

Allons, M. Jack, suivez votre maître et laissez-nous le champ libre.

L'EMPAILLEUR.

Je vous qui... quitte, v'là mon... mon singe qui est rentré, je l'emmène, viens, mon...mon pauvre Jack, allons nous... nous-en l'un portant l'autre.

(Ils sortent sur l'air : BON VOYAGE CHER DUMOLET.)

SCENE XIV.

FILOSELE, JEAN, DIAVOLO.

DIAVOLO, à Filoselle.

Maintenant, j'attends tes ordres.

FILOSELLE.

Ah! j'ai une idée; je voudrais bien voir transporter ici un de nos théâtres, avec plusieurs de nos grands acteurs en réputation et de nos danseuses en vogue.

DIAVOLO, surpris.

Tu veux que je fasse venir un théâtre dans ta chambre? elle est bien petite.

FILOSELLE.

Je croyais que rien n'était impossible à ta puissance diabolique.

DIAVOLO.

Si tu me demandais un théâtre en détail, je ne dis pas... mais tu deviens d'une exigeance...

FILOSELLE.

Ah! j'étais bien sûr que je t'embarrasserais.

DIAVOLO.

Tu crois... eh bien! tu vas voir... (Il lève sa baguette.) Esprits, soumis à ma puissance, envoyez ici un de nos grands théâtres avec une troupe bien complète...et, s'il le faut, enlevez le plafond de cette chambre ponr l'y faire entrer.

FILOSELLE.

Comment, ils vont enlever le plafond de ma chambre...

(Il lève les yeux en l'air; au même instant, l'orchestre exécute : DODO, ENFANT DODO; le plancher s'ouvre, on voit arriver un petit théâtre de quatre pieds de hauteur, avec son rideau baissé.

DIAVOLO, riant bien fort.

Ah! ah! ah!..

FILOSELLE.

Ah! grand Dieu!.. qu'est-ce que c'est que ce théâtre-là?

(On entend frapper trois coups.)

DIAVOLO.

Voilà le signal, tais-toi, le spectacle va commencer.

(Le petit rideau se lève, la décoration représente un jardin.)

SCENE XV.

LES MÊMES, UN PETIT SGANARELLE, en grande livrée, sort d'une coulisse, fait trois saluts, et s'exprime ainsi :

LE PETIT SGANARELLE.

» Messieurs et mesdames, une indisposition subite arrivée à l'une de nos » camarades nous empêchera de jouer Riquet à la Houpe annoncé sur l'af- » fiche... nous nous voyons obligés de vous prier de vouloir bien passer au » bureau, pour y reprendre votre argent.

FILOSELLE.

Comment, voilà vos grands acteurs?

DIAVOLO.

En miniature. (Au petit acteur.) Monsieur le premier sujet, un moment, s'il vous plait... voulez-vous bien me dire quel emploi vous jouez?..

LE PETIT SGANARELLE.

Les premiers comiques seul et sans partage dans la comédie, et les basses-tailles dans l'opéra.

FILOSELLE.

Les basses tailles, je le crois bien; il n'est pas plus haut que ça...

DIAVOLO.

Et vous avez une artiste indisposée ce soir?

LE PETIT SGANARELLE.

Oui, notre première amoureuse... je vous le dis à vous, mais n'en parlez pas... elle est en pénitence... sa mère vient de lui donner...

(Il frappe sur le dos de sa main.)

FILOSELLE.

Oh! oh! diable... voilà qui est bien grave.

DIAVOLO.

Pauvre petite ! c'est désagréable, pour une amoureuse.

FILOSELLE.

C'est que sa maman n'entend pas de c't'oreille-là.

AIR : Vaudeville de la Famille du Porteur d'eau

Un enfant doit êtr' corrigé,
Lorsque sa faute est sans pareille.

DIAVOLO.

Qu'a-t-ell' donc fait?

LE PETIT SGANARELLE.

Elle a mangé
Un pot d' confitur's de groseilles...

DIAVOLO.

Pauvre bijou, quel évén'ment !
La correction est trop dure;
Entre nous le tort n'est pas grand,
Quand une amoureuse vraiment,
N'aime encore que la confiture. (bis.)

FILOSELLE,

Comme ça, nous n'aurons pas de spectacle ?

DIAVOLO.

J'espère bien que si... Votre première danseuse a-t-elle aussi mangé des confitures?..

LE PETIT SGANARELLE.

Non... la première danseuse est à vos ordres...

DIAVOLO.

Qu'elle vienne donc sur-le-champ nous faire connaitre cette danse dont on parle tant aujourd'hui.

FILOSELLE.

La galoppade ?

DIAVOLO.

Non, la cachoutcha !..

FILOSELLE.

Oh! la cataquoi, bravo!.. je vais faire connaissance avec elle.

DIAVOLO.

C'est une Taglioni de cinq ans et demi, une Elssler de trois pieds quatre pouces qui va la danser comme au grand Opéra.

SCENE XVI.

LES MÊMES, UNE PETITE DANSEUSE.

(Une petite danseuse élégamment vêtue, parait subitement sur le théâtre enfantin et prend une pose. La petite danseuse descend sur la scène avec Sganarelle et danse la cachoutcha en imitant parfaitement Mlle Elssler, au grand contentement de Filoselle, qui saute de joie sur son fauteuil.)

FILOSELLE.

C'est surprenant! c'est superbe! c'est admirable!.. il n'y a plus d'enfant. venez m'embrasser, mademoiselle Elssler de trois pieds quatre pouces.

LE PETIT SGANARELLE, avec colère.

Et les mœurs, monsieur !

(La petite danseuse s'arrête, et en ratisse à Filoselle en exécutant une pantomime gracieuse puis elle prend sérieusement la parole.)

LA PETITE DANSEUSE.

A notre âge, les danseuses n'embrassent pas les messieurs.

FILOSELLE.

Ah ! que je suis bête, c'est vrai... c'est quand elles sont plus grandes...

(Le rideau du petit théâtre se baisse et tout disparait sur l'air : DODO ENFANT DO.)

SCÈNE XVII.

DIAVOLO, FILOSELLE.

FILOSELLE.

Cette petite a des yeux qui feront un jour bien des malheureux.

DIAVOLO.

Et ses jambes donc, ce sera bien autre chose.

FILOSELLE, tâtant sa jambe.

Aïe... aïe... v'là que ça me reprend encore... quand je vois un gentil visage c'est toujours comme ça.

DIAVOLO.

Ah! M. Filoselle, vous avez été un gaillard dans votre temps: et cette goutte...

FILOSELLE.

Eh bien! non, c'est ce qui te trompe... Mais sais-tu ce que je voudrais bien voir, maintenant?..je voudrais me voir marcher... marcher lestement comme à vingt ans...en fait de curiosité, c'est ça qui serait curieux.

DIAVOLO.

Je le crois bien... comment es-tu devenu goutteux?

FILOSELLE.

A la suite d'un grand diner, d'une goguette à Belleville.

JEAN.

Oui, chez M. Desnoyers, dans le salon de vingt-cinq couverts, ils étaient cinquante...

FILOSELLE.

Bourgogne, Chambertin, Bordeaux, Champagne, tout y a passé... c'était un diner de société chantante; les amis de la joie!..

DIAVOLO.

Et je vois que vous avez bu?..

FILOSELLE.

Comme des sonneurs! si bien que le lendemain on a été chercher le médecin...Il m'a dit: mon vieux, vous avez la goutte, en avant l'eau de chiendent et les pieds dans la moutarde, et marchez avec ça si vous pouvez.

DIAVOLO.

Ah! c'est une goguette qui t'a retiré l'usage de tes jambes: eh bien! mon pauvre ami, une autre goguette peut te guérir.

FILOSELLE.

Comment ça?

DIAVOLO.

Par l'homœopatie.

FILOSELLE.

Qu'est-ce que c'est que L'HOMOPATIE?

DIAVOLO.

C'est la guérison radicale de toutes les maladies par les semblables... par exemple, tu as un enrouement qui te fait tousser...

FILOSELLE.

Eh bien! je me tiens bien chaudement.

DIAVOLO.

Non, tu tâches d'attraper un gros rhume et ton enrouement disparait; voilà la médecine à la mode... en veux-tu d'autres exemples, demande à nos docteurs en vogue. La cure va commencer... tâche d'avoir bien soif. A moi, mes pharmaciens!

(Deux garçons marchands de vins paraissent; ils ont des visages de démons, ils portent des paniers de vins et des verres.)

JEAN.

Comment, des garçons marchands de vins.

AIR : Vaudeville des Moralistes.

Tu vas suivre l'ordonnance
D'un médecin très savant;
V'là la cure qui commence
Le verre en main, en avant! (Il lui donne un verre.)

FILOSELLE.

Quoi, vous pensez qu'il faut boire?

DIAVOLO.

Le vin t'a rendu perclus;
Bois mon vieux, tu peux m'en croire,
A ton mal tu n' pens'ras plus...
Pauvres goutteux, vous que le mal agite
Et qui dans un fauteuil souffrez,
Versez, versez, versez vite;
Versez vite et vous guérirez.

ENSEMBLE, en buvant.

Versez, versez, etc.

FILOSELLE, à Jean.

Tu bois aussi, toi, misérable?

JEAN.

Oui pour me donner la goutte, et puis je reboirai après pour me la guérir.

FILOSELLE, buvant un second coup.

Cette liqueur salutaire
Semble m'avoir dégourdi.

DIAVOLO.

Allons, tends encore ton verre;
Tu n'es pas encor guéri.

FILOSELLE, buvant toujours

C'est étonnant comm' ça file.

DIAVOLO.

Bois à perdre la raison!

FILOSELLE.

Je m' sens tout-à-fait agile.

DIAVOLO.

V'là l' moment d' la guérison.
Pauvres goutteux vous que le mal agite,
Et qui dans un fauteuil souffrez,
Versez, versez, versez vite;
Versez vite et vous guérirez.

ENSEMBLE, en buvant.

Versez, versez, etc.

FILOSELLE.

Plus de fauteuil, plus de béquille. (Il se lève et marche vite.)

JEAN.

Ah! v'là notr' maître qui marche.

FILOSELLE, souriant.

AIR : L'or est une chimère.

Quoi, j'ai retrouvé mes jambes!
Ton remède est surprenant;
Je me sens des plus ingambes
J'irais au diable à présent.

DIAVOLO.

Parle, dépêche-toi.

Un' dernièr' fantaisie...

DIAVOLO.

Je puis te satisfaire encor.

FILOSELLE.

Vraiment je meurs d'envie
D'aller admirer le Luxor!..

DIAVOLO.

Le Luxor! tu n'es pas dégoûté... un monument qui ne coûte que deux millions; celui-là, tu le verras sur place... donne-moi le bras et partons comme une paire de bons amis... Jean, suis-nous!

JEAN, à part.

Me v'là le valet du diable... pourvu qu'il ne me fasse pas pousser des cornes.

ENSEMBLE, en sortant.

Oui, j'ai retrouvé mes jambes, etc.

DIAVOLO et JEAN.

Il a retrouvé ses jambes,
Le remède était puissant;
Le voilà des plus ingambes.
Ah! comme il marche à présent.

(Le théâtre change et laisse apercevoir la place de la Concorde. Le rideau du fond représente l'obélisque de Luxor entouré de la foule, et la belle avenue des Champs-Elysées avec le grand Arc-de-Triomphe qui domine à l'horizon. Cette décoration est du plus bel effet.)

SCÈNE XVIII.

DIAVOLO, FILOSELLE, JEAN, CORRESPONDANCE, L'HIRONDELLE
et toutes ses Compagnes, **PEUPLE.**

CHOEUR.

Air du Hussard de Felsheim

France, en merveilles si féconde,
Pour voir un jour, dans ton sein réunis,
Les plus beaux monumens du monde,
Il faudra venir à Paris.

DIAVOLO, à Filoselle.

Tu vois ce que je te ménageais pour le dénouement.

FILOSELLE.

C'est superbe!..

JEAN.

Tiens, notre maître, v'là l'Obélisque, tout d' même, et l'Arche de Triomphe.

DIAVOLO, à Filoselle.

Maintenant, es-tu bien content de moi?

FILOSELLE.

Ne m'en parle pas... je t'embrasserais si nous n'étions pas sur une place publique... J'ai tout vu n'est-ce pas?

DIAVOLO.

Oui; mais sois tranquille, avec le temps, tu verras bien autre chose.

VAUDEVILLE FINAL.

Air connu

DIAVOLO.

On n' verra plus les partis
S'attaquer s' défendre.

CHOEUR.

On n' verra etc.

DIVAOLO.

Tous les homm's seront unis :
Il n' sagit qu' d'attendre.

CHOEUR.

Tous les hommes etc.

L'HIRONDELLE.

Viv'nt les actions! maintenant,
Tout l' mond' veut en prendre.

CHOEUR.

Viv'ent les actions etc.

L'HIRONDELLE.

Quant à l'intérêt d' l'argent...
Il n' sagit qu' d'attendre

JEAN.

Quand vous prêt'rez de l'argent
On viendra vous l' rendre.

CHOEUR.

Quand vous prêt'rez etc.

JEAN.

Ça vous parait étonnant :
Il n' sagit qu' d'attendre.

CHOEUR.

Ça vous parait etc.

L'EMPAILLEUR, bégayant.

Aux... aux chambres... certai... nement
J' pourrais n' faire en... entendre

CHOEUR.

Aux chambres, etc.

L'EMPAILLEUR.

Je... je parle très fa... facilement...
Il n' sagit d'attendre.

CHOEUR.

Il parle très facilement etc.

Ici le petit Sganarelle et sa petite danseuse s'avancent et chantent en s'adressant au Public.

LE PETIT SGANARELLE.

Nous somm's de bien p'tits talens
On peut nous en r'vendre.

CHOEUR.

Nous sommes etc.

LA PETITE DANSEUSE.

Souvent les p'tits devienn'nt grands.
Il n' sagit qu' d'attendre.

CHOEUR.

Souvent les p'tits etc.

CHOEUR GÉNÉRAL.

France, en merveilles si féconde,
Pour voir un jour, dans ton sein réunis,
Les plus beaux monumens du monde,
Il faudra venir à Paris!

(Bruit d'orchestre. Le rideau baisse.

FIN.

www.ingramcontent.com/pod-product-compliance
Lightning Source LLC
LaVergne TN
LVHW052027160826
845678LV00003B/1237

* 9 7 8 2 3 2 9 6 2 4 6 2 4 *